Conserver la Couverture

M. CABET

DÉFENDU ET JUSTIFIÉ

PAR

S. M. LOUIS-PHILIPPE,

MM. DE BROGLIE, THIERS, SOULT,

ET AUTRES MINISTRES,

MM. PERSIL, MADIER-MONJAU, VIENNET,

ET AUTRES DÉPUTÉS.

VIe PARTIE. — SUITE AU PROCÈS.

PRIX : 50 CENTIMES,

AU PROFIT DES DÉTENUS POLITIQUES PATRIOTES.

PARIS,

ROUANET, LIBRAIRE, RUE VERDELET, N° 6,

(Près la Grande-Poste aux Lettres).

1833.

M. CABET

DÉFENDU ET JUSTIFIÉ

PAR

S. M. LOUIS-PHILIPPE,

MM. DE BROGLIE, THIERS, SOULT,

ET AUTRES MINISTRES,

MM. PERSIL, MADIER-MONTJAU, VIENNET,

ET AUTRES DÉPUTÉS.

SIXIÈME PARTIE.

PARIS,

ROUANET, LIBRAIRE, RUE VERDELET, N° 6,

PRÈS LA GRANDE POSTE AUX LETTRES;

1833.

AVERTISSEMENT.

Dans mes lettres précédentes (voyez les trois premières parties) j'avais annoncé une défense énergique et je l'avais préparée.

Mais la plaidoirie de Me Marie m'a paru si abmirable, que j'ai cru devoir lui rendre un éclatant hommage en gardant le silence après lui.

Ma cause, d'ailleurs, n'était pas seulement la mienne; elle était celle de la presse, de l'opposition, du peuple en général; et c'est leur intérêt surtout que je devais consulter.

Or, c'est un acquittement qu'il fallait, avant tout, obtenir; car, quelle que fût l'utilité qui pût résulter d'une défense hardie et sans ménagement, cette utilité aurait été bien diminuée par la fâcheuse influence d'une condamnation, tandisque l'acquittement par le jury, après la véhémence de l'accusation, est un fait immense dont les conséquences sont incalculables en faveur de la liberté.

Si j'avais été sûr du succès, j'aurais abordé tous les détails de l'affaire, et toutes les questions du fond.

Si au contraire j'avais été sûr de la condamnation, j'aurais parlé plus intrépidement encore; j'aurais vendu ma liberté en la faisant payer au pouvoir par des vérités utiles au pays.

Mais j'espérais, et je n'avais que de l'espérance.

Dans cette position, considérant l'heureuse impression produite par l'éloquente plaidoirie de mon défenseur, je devais sacrifier mes préparatifs personnels et m'abstenir: je m'abstins en effet, et ne présentai que quelques courtes observations.

Mais, mes recherches et les matériaux qu'elles m'ont fait recueillir, pouvant être encore d'une haute utilité, soit pour justifier davantage encore mon *histoire de la révolution de* 1830 et le jugement qu'en ont porté les jurés, soit pour confirmer, de plus en plus, la liberté de la presse, je viens les publier aujourd'hui.

On y verra que toutes mes opinions sont basées sur les discours de Louis-Philippe, de ses ministres, et de ses députés les plus dévoués.

CABET.

M. CABET

DÉFENDU ET JUSTIFIÉ

PAR

S. M. LOUIS-PHILIPPE

MM. DE BROGLIE, THIERS, SOULT,

ET AUTRES MINISTRES,

MM. PERSIL, MADIER-MONTJAU, VIENNET,

ET AUTRES DÉPUTÉS.

SIXIÈME PARTIE.

SUITE AU PROCÈS DEVANT LA COUR D'ASSISES.

CHAP. 1er. *La vérité seule est utile.*

« *La vérité est le premier besoin des peuples et des rois,* » disait *Charles X*, tout roi de droit divin qu'il se croyait, dans son discours d'ouverture des chambres (5 février 1828) :

Quel prince eut plus le droit de proclamer le besoin de la vérité pour les rois ?

Les courtisans, les pairs, les députés et les fonctionnaires publics lui donnaient toutes les vertus, et ne parlaient que de leur admiration, de leur respect, de leur inviolable fidélité, de leur brûlant amour.

Ce n'était qu'adresses déposées au pied du trône, ce n'était que fêtes et arcs de triomphe dans ses voyages. Suivant cette tourbe de flatteurs, le peuple l'adorait; et cependant Charles X était méprisé, détesté!..... Et ce peuple l'a ignominieusement chassé!.. et ses hypocrites courtisans l'ont abandonné pour adorer un nouveau maître!...

Polignac lui disait: « *On vous idolâtre, vous pouvez tout oser* « *impunément,* tandis que Martingnac lui disait: *prenez garde, on* « *vous trompe*, le peuple ne vous est pas dévoué; et si vous violez « vos sermens, une insurrection populaire pourra bien vous *préci-* « *piter dans l'abîme.*

Le *mensonge* était-il plus utile à Charles X que la *vérité?*

Saint-Augustin avait dit avant lui: « *La vérité devient-elle un sujet de scandale: que le scandale naisse, et que la vérité soit dite.*»

Faisant hardiment, sous la *Restauration* elle-même, l'éloge de la *Convention*, Thiers s'exprimait ainsi, dans la préface de son 3e volume, pages 10 et 11: « J'ai cru que c'était un essai à faire que « celui de *la vérité complète en histoire*, qu'elle soit ou *nue*, ou « *abstraite*, ou *terrible*. Quoiqu'il en soit de l'exécution, j'ai porté « dans cette tentative *un sincère amour du vrai moral* et du vrai « littéraire, et il me servira d'excuse, je l'espère, auprès de tous « les hommes de bonne foi. »

A l'occasion du desservant de la commune de la Loude, qui avait fait quelqu'acte à la *Contrafato* ou à la *Maingrat*, M. Dupin aîné, affectant de se servir des mots qu'avait employés récemment le ministre Chabrol, répondit à M. de la Bourdonnaie: « Quoi! *Toujours faire des trous en terre* pour y enfouir la *vérité*, « et cela sous prétexte de *scandale!* »

« Par un principe généralement adopté des publicistes, dit Cha- « teaubriand (*Essai historique, politique et moral sur les révolu-* « *tions*), *les nations ont le droit de choisir leur gouvernement*; et « par un autre principe aussi fameux, que tout pouvoir vient « du peuple, elles peuvent *reprendre leurs droits* et *changer leur* « *constitution.* »

« Des trois partis qui composent la foule, les uns adoptent ab- « solument ces propositions, les autres nient *le tout*, *et les mo-* « *dérateurs jettent un voile religieux sur ces axiômes.*

« Je ne puis penser de même. Cet air secret fait beaucoup de « mal..... Pour moi, j'avoue hautement *ce que je crois*, et suis « persuadé, qu'*en toute occasion la vérité bien expliquée est* « *bonne à dire.* »

CHAP. 2. *Liberté de la tribune, de la défense, et des journaux. — Publicité des séances législatives et judiciaires.*

D'un côté, on peut tout dire à la *tribune*, dans l'une ou l'autre chambre, sans avoir d'autre risque à courir que celui d'être réfuté par un autre orateur, ou rappelé à l'ordre par le président, ou interrompu par les murmures du parti contraire; et quand un ouvrage quelconque est incriminé devant les tribunaux, on y peut tout dire encore pour le *défendre*. « Devant une cour d'assises, disait *Jaubert* (séance du 9 avril 1833), j'ai entendu un avocat député « (*Berryer*) mettre audacieusement en question la royauté de juillet « au profit de la légitimité. »

D'un autre côté, chacun peut créer un journal ou faire imprimer un écrit.

Enfin les séances législatives et judiciaires sont publiques; non-seulement un grand nombre de personnes peuvent y assister et répéter tout ce qui s'y dit, mais encore les journaux peuvent le publier et le répandre dans toutes les parties de la France.

Et loin de restreindre cette publicité, la révolution de juillet a voulu l'étendre, puisqu'elle a rendu publiques les séances de la chambre des pairs qui, sous la restauration, étaient secrètes.

Je viens d'avancer qu'on pouvait tout dire à la tribune : l'on y dit tout en effet, surtout contre les ministres, que la chambre des députés a le droit de mettre en accusation, et que chaque député a le droit d'attaquer.

Manuel y parle des *répugnances* du peuple contre les Bourbons, et des dangers que court Ferdinand de voir l'Espagne imiter l'énergie que la Convention déploya contre Louis XVI, pour sauver l'indépendance nationale. Il est vrai que la chambre expulse ce courageux représentant du pays, mais cette expulsion est un crime contre lequel la France ne cessera jamais de protester.

On y parle du roi personnellement.

On y parle de violation de la charte et des lois, de contre-révolution, de trahison, de parjure, de responsabilité, d'insurrection et de république.

On y critique la charte, la chambre, le système, le ministère.

Le centre attaque l'opposition, et l'opposition attaque le parti ministériel.

En un mot, je le répète, et ce qui va suivre en fournira continuellement la preuve, on dit tout à la tribune.

C'est un fait qu'il est important d'enregistrer.

CHAP. 3. — *Liberté illimitée de la presse.*

Quand la *tribune* et la *défense* sont libres et publiques, à quoi bon mettre des entraves à la presse? n'est-ce pas inutile, par conséquent vexatoire et despotique?

L'*injure* et la *calomnie*, avec l'intention d'injurier et de calomnier, sont inexcusables, et peuvent être punies; mais la simple *erreur* dans les opinions ou dans les faits ne peut être considérée comme un crime.

La presse suffit pour détruire le mal que pourrait faire l'*erreur* de la presse.

L'injure même et la calomnie peuvent être dédaignées, parce que la presse suffit encore pour les démasquer et pour les flétrir.

Les bons gouvernemens peuvent tout braver : les mauvais gouvernemens seuls doivent redouter la vérité.

Plus un gouvernement est mauvais, plus la vérité lui déplait; mais aussi plus elle est utile au pays.

Plus un gouvernement est impopulaire, plus la presse est hostile; mais aussi plus elle est nécessaire au salut public, et même au salut du prince; car c'est en l'avertissant que la presse peut l'empêcher de se précipiter dans l'abîme.

En un mot, la liberté de la presse, (qu'on est convenu d'appeler le *palladium* de toutes les autres libertés), n'est pas la liberté d'approuver et de louer, mais *la liberté de critiquer et d'attaquer*.

Les bons gouvernemens n'ont aucun intérêt à ce qu'elle ne soit pas illimitée; et, par cela seul qu'un gouvernement veut lui imposer des entraves, le peuple doit vouloir qu'elle en soit complètement affranchie.

Ce n'est pas seulement moi qui professe ces principes; car voici d'imposantes autorités; écoutez:

« La presse peut être *illimitée* sans danger : il n'y a que la vé-
« rité de redoutable; *le faux est impuissant;* plus il s'exagère, plus
« il s'use. Il n'y a pas de gouvernement qui ait péri par le men-
« songe. Qu'importe qu'un Babœuf célébrât la loi agraire, qu'une
« *Quotidienne* rabaissât la grandeur de la révolution, calomniât ses
« héros, et cherchât à relever des princes bannis? le gouvernement

« n'avait qu'à *laisser déclamer* : huit jours d'exagération et de « mensonge usent toutes les plumes des pamphlétaires et des li- « bellistes. »

Qui parle ainsi? Un ministre de Louis-Philippe, *Thiers* (Histoire de la révolution, deuxième édition, tom. 8, pag, 179).

« Quoique fort habitué à la liberté, continue-t-il (pag. 492), le « directoire s'effrayait du langage qu'elle prenait dans certains « journaux; il ne comprenait pas encore assez qu'*il faut laisser tout* « *dire*; que le *mensonge n'est jamais à redouter*, quelque publi- « cité qu'il acquière; qu'il s'use par sa violence; et qu'un gouver- « nement périt par la vérité seule, et surtout par *la vérité com-* « *primée* »

« *La liberté d'écrire*, si elle existait complètement, dit le géné- « ral *Bertrand* (avril 1833), aurait *plus de puissance* pour ar- « rêter ses propres écarts que tous les réquisitoires des procureurs « du roi. En tout temps et partout, le talent a fait taire la médio- « crité; et le talent est toujours prêt à se rallier à un *gouvernement* « *de sincérité et de bonne foi*. Notre gouvernement en recevrait une « force qui lui manque, et qu'il chercherait en vain dans des « moyens de répression si imprudemment invoqués.

« Liberté illimitée de la presse! »

« Le gouvernement représentatif, dit *Barthe* (défendant le « *Journal du Commerce*, en 1826), n'est autre chose que l'inter- « vention du pays dans les affaires publiques; il y intervient par « deux moyens; par les élections, qui vous donnent les pouvoirs « que vous exercez, et par la *liberté de la presse*.

« Si le premier moyen venait à succomber sous une influence « corruptrice, la *liberté de la presse* devrait être là pour recevoir « les *plaintes* du pays et pour les exprimer avec *la plus grande* « *énergie*, et rien n'est encore perdu; mais qu'on lui enlève cette « dernière ressource, toute intervention nationale a disparu, le « gouvernement représentatif n'est plus qu'un vain mot, il n'en « reste que les charges, il y a *tyrannie* d'un *ministère* et d'une « *majorité*.

« Si la critique, si le blâme peuvent s'adresser à des actes spé- « ciaux, ajoute-t-il, l'ensemble des actes d'un ministère et d'une « chambre, la direction qu'ils suivent, la nature des intérêts qu'ils « doivent être portés à protéger par la nature même de leur com- « position, tout cela peut entrer dans le domaine de la critique, et « un écrivain a le droit incontestable de dire qu'un corps politique « amovible, dans l'ensemble de ses actes et par la nature de sa com-

« position, est entraîné par un mouvement contraire aux intérêts « nationaux. Privez les écrivains de ce droit, et *la liberté de la « presse a cessé d'exister.* »

« Depuis que la *vérité* et la *raison* défendent leur terrain contre « les attaques réunies des fausses doctrines et des faits controuvés, « disait *Jefferson, la presse n'exige guère plus de restriction légale.* « Le jugement du public, qui entend toutes les parties, corrigera « l'effet des mauvais raisonnemens. Voilà la *seule limite* qu'il faille « tracer entre le *bienfait inestimable de la presse* et les dangers de « la licence. »

(Discours de Lafayette, 9 avril 1833.)

Voici ce que disait le royaliste *Cazalès*, dans la séance du 7 décembre 1790 :

« Que ce peuple apprenne et n'oublie jamais que, dans tous les « temps, dans tous les lieux, quels que soient les principes qu'il « professe, *le parti de l'opposition est et sera toujours le parti du « peuple;* le parti qui lutte contre l'autorité *dominante, roi, sénat, « assemblée nationale,* est toujours *le parti de la liberté*, par- « tout où l'autorité n'est *pas éclairée* le peuple est esclave et le « gouvernement tyrannique. »

Le garde des sceaux d'aujourd'hui invoquait cette opinion pour défendre le *Journal du Commerce*, en 1826.

Un des plus dévoués défenseurs du trône, *Malouet*, de la Constituante, n'hésitait pas à dire sur la royauté :

« La nation, en *instituant* cette autorité, n'a entendu commu- « niquer que la portion de souveraineté qu'elle ne peut exercer par « elle-même. Le peuple, messieurs, *qui veut, qui détermine* qu'il « lui est utile d'avoir un roi, qui l'institue comme centre de tous « les pouvoirs, comme conservateur de tous les droits, a des *pré- « cautions* à prendre pour conserver dans les mains d'*un seul*, « l'autorité qu'il lui défère, et pour empêcher qu'il n'en *abuse*. « Cette dernière intention est remplie de la part du peuple en ré- « servant à ses représentans l'exercice du pouvoir législatif et la « SURVEILLANCE DU POUVOIR EXÉCUTIF. »

Mirabeau disait également :

« Dans la monarchie la mieux organisée, l'autorité royale est « toujours l'objet des *craintes des meilleurs citoyens*. Celui que la « loi met au-dessus de tous devient aisément le *rival de la loi* : as- « sez puissant pour protéger la constitution, il est souvent *tenté de*

« *la détruire.* La marche universelle qu'a suivie partout l'autorité « des rois *n'a que trop enseigné la nécessité de les surveiller.* »
(*Choix et rapports*, t. Ier, p. 283 et 284).

Aussi voulait-il que le roi ne pût rien faire, pas même une *lettre* ou un *message*, sans le contre-seing d'un ministre responsable.

« Sur quatre-vingt procès contre certain journal, dit Laroche-« foucault (8 avril 1833) le ministère public en a perdu soixante-« dix.

« Cependant le jury est *admirable aujourd'hui* : sévère contre le « vol et l'assassinat, il est indulgent dans les prétendus délits de la « presse; mais cette indulgence est légitime; car si l'on éprouve quel-« ques dommages de la *liberté illimitée de la presse*. on en reçoit de « *grands services*. C'est, disait le général *Foy*, la *lance d'Achille* « qui guérit les blessures qu'elle a faites. Elle est aussi, disait *Ca-« mille-Jordan*, le principal appui des chambres représentatives.

« Aussi, dès les premiers jours de la révolution, a-t-on voulu « briser les entraves de la presse; car l'art. 8 de la charte de 1814 « disait : Les Français ont le droit de publier et de faire imprimer « leurs opinions, en se conformant aux lois *qui doivent réprimer les « abus de cette liberté*, et ces derniers mots ont été effacés, le « 7 août, dans l'art. 7 de la charte de 1830.

Enfin, Dupin exprime d'un seul mot l'utilité de la presse « Charles X, dit-il, a *méprisé les avertissemens de la presse*, il s'est *parjuré*, il a délié ses sujets de toute obéissance. »
(Brochure de 1833 sur la révolution de 1830, p. 20.)

CHAP. IV. — *Liberté des opinions.* — *Droit de discussion.*

Nos opinions, en politique, comme en religion et en toutes autres matières, sont indépendantes de notre volonté : elles ne peuvent donc jamais être un crime.

« Les Français, dit l'art. 7 de la charte, ont le droit de publier « et de faire imprimer leurs *opinions*. »

C'est en cela principalement que consiste la liberté de la presse.

Or la presse n'exprime presque que des opinions. Ainsi, ces maximes, l'événement de juillet est une *révolution*; — les députés et les pairs n'avaient plus *aucun mandat*; — la charte est *illégitime*; — il y a eu *usurpation*; — l'ordonnance du 6 juin est une *violation* de la charte, un *parjure*, une *trahison*; — le roi n'est *pas inviolable* quand il gouverne personnellement; — tout cela ne constitue que des opinions, et rentre par conséquent dans le cercle de la liberté de la presse.

Hé bien, mon histoire de la révolution de 1830 ne comprend que deux choses, des *faits* et des *opinions* sur ces faits.

Les faits et les opinions, je les ai crus et je les crois vrais ; mais, même erronés, ils ne pourraient constituer un délit. Bien plus, l'erreur serait sans danger ; car le gouvernement et ses amis peuvent opposer opinion à opinion, histoire à histoire, brochure à brochure, journal à journal.

C'est ainsi que les députés *Kératry* et *Devaux* ont répondu au député *Cormenin* critiquant la charte.

C'est ainsi que le ministre *Thiers*, en 1831, et le président *Dupin*, en 1833, ont publié sur les opérations du 7 août, des brochures dans lesquelles ils expriment des opinions contraires à celles de *Châteaubriant* et aux miennes.

C'est ainsi que, lors des élections de 1831, la *Société des Amis de la Charte* adressa spécialement aux électeurs de la Côte-d'Or une circulaire imprimée dans laquelle on disait :

..... « D'où vient donc qu'on vous conseille de prendre encore, « comme l'an passé, vos députés parmi les *adversaires de votre* « *gouvernement ?*

« On vous dit que *ce qui a été fait a été mal fait*, et qu'il faut « recommencer ; on vous dit que le gouvernement de juillet *n'a* « *pas tenu ses promesses*; que vous n'avez rien gagné au change ; « que *Charles X règne toujours*.

« Voyons, cherchons ensemble ce qui s'est fait depuis juillet. »

(Et l'on discute toutes les objections.)

C'est ainsi que, en décembre 1832, le député *Bodin* publiait dans les *Débats*, une lettre par laquelle il disait :

« Comment des gens de bonne foi peuvent-ils se faire illusion, au « point de croire que la *souveraineté nationale*, conçue absolu- « ment, soit *compatible avec l'hérédité et l'inviolabilité royales?* »

Et il concluait qu'il faut *renoncer à la souveraineté nationale*, en faveur de l'hérédité monarchique.

C'est ainsi que le député *Rémusat*, disait à la *tribune*, le 8 avril 1833 :

« C'est, aux yeux de quelques-uns, une *opinion légitime* dans son « principe, que la révolution n'a *pas tenu toutes les promesses* « qu'elle avait faites au peuple français ; que le gouvernement, à « peine la révolution faite, s'est en quelque sorte *retourné contre la* « *révolution* dont il était issu, et a dû faire penser à la nation que « l'ouvrage de quinze ans d'opposition et de trois jours d'héroïsme « n'était qu'une *grande déception*. — *Nous avons pensé le con-* « *traire* ; nous avons adopté un système de *résistance* ; et c'est parce « que *C. Perrier* s'était identifié avec ce système qu'il était, au jour « de sa mort, l'homme *le plus populaire* en France. »

C'est ainsi que le député *Duchâtel* disait aussi, à la tribune, le avril 1833 :

« La chambre ne peut être attaquée que pour son *système politi-* « *que*, rien de plus évident. Or, ce système, la minorité le blâme, « le désapprouve ; car sans cela elle ne serait pas la minorité. Je ne « lui en fais pas un reproche ; loin de moi cette pensée ! Non seule- « ment elle a le droit de *blâmer*, mais, je dis plus, c'est pour elle « un *devoir* ; car c'est un devoir pour *tout citoyen*, et à plus forte « raison pour *tout législateur*, *d'exprimer franchement son opinion*, « de dire quel est le système qu'il juge le meilleur, le plus con- « forme à l'intérêt du pays. C'est donc ici le droit et le devoir de la « minorité de condamner le système de la majorité, c'est-à-dire le « système suivi par la chambre.

« Mais en même temps que la minorité blâme, elle est dans la po- « sition de tendre à remplacer la majorité ; c'est encore pour elle ici « un droit et un devoir ; car, regardant ses opinions comme bonnes, « elle doit vouloir les faire triompher ; et elle ne peut les faire triom- « pher qu'en obtenant pour elle l'avantage du nombre, qu'en deve- « nant majorité.

« *La minorité, pour devenir majorité, a besoin que le système de* « *la majorité tombe en discrédit ;* elle doit s'efforcer d'amener ce dis- « crédit. Ce n'est pas, je le dis encore une fois, un *reproche* que je lui « adresse ; *elle a raison d'agir ainsi*, et si j'étais à sa place, j'en fe- « rais autant. Son but est de remplacer la majorité, et l'unique « moyen qu'elle a d'y parvenir, *c'est de la ruiner dans l'opinion* « *du pays*.

C'est ainsi enfin que les réquisitoires du procureur-général *Persil*, et particulièrement celui de son substitut *Boucly* contre moi, ne contiennent que des *opinions* contraires à celles des accusés.

La discussion est donc un droit, les opinions ne peuvent être coupables, les poursuites du gouvernement sont presque toujours vexatoires et tyranniques, et les jurés ont raison d'acquitter.

Si ce qui peut blesser pouvait être considéré comme *offense*, il n'y aurait point de véritable liberté de la presse; car, je le répète, cette liberté n'est pas le droit d'approuver et de louer, mais le droit de critiquer, de blâmer, de dénoncer, d'accuser.

L'*intention* d'injurier gratuitement peut seule constituer l'offense : Tout le reste rentre dans la *discussion*, dans les *opinions*.

Autrement, plus un gouvernement serait mauvais, moins il serait permis de parler de lui ; plus il serait nécessaire de l'attaquer pour le salut du pays, moins il serait possible de le faire sans s'exposer à une condamnation.

Cependant, braver la haine, la colère et les vengeances d'un souverain usurpateur, despote et funeste au pays, ce fut et ce sera toujours du patriotisme, du dévouement et de la vertu.

MM. Royer-Collard, Barthe, Sébastiani, etc. vont justifier ces doctrines.

Voici ce qu'ils disaient dans la chambre, le 21 février et le 1er mars 1826, lors du procès fait au *journal du Commerce.*

« L'article incriminé, disait Royer-Collard, fait allusion à *deux* « *faits :* l'un, qu'il y a beaucoup d'*émigrés* dans la chambre, l'autre « qu'il y a beaucoup de *fonctionnaires.* Ces deux faits sont de no- « toriété publique, et personne ne se défend de l'application : les « émigrés tiennent à honneur de l'avoir été, et les fonctionnaires, « ce me semble, consentent parfaitement à l'être. (Eclats de rire).

« Mais, de ce qu'il y a beaucoup d'émigrés dans la chambre, le « journaliste conclut que l'indemnité des émigrés a *été votée dans* « *des intérêts personnels*, et que *la chambre protége les courtisans*; « de ce qu'il y a beaucoup de fonctionnaires, le journaliste conclut « que *le crédit de la chambre est singulièrement diminué*, et qu'elle « *protége surtout les commis.* Chacune de ces conséquences est té- « méraire, mal sonnante, irrespectueuse envers la chambre, je di- « rai même, si l'on veut, *injurieuse*, pourvu qu'on convienne qu'au « moins l'injure n'est pas *gratuite*, et qu'elle tient plus de l'*erreur* « que de la *malice* et d'un *besoin pervers de diffamation.*

« Je crois, moi, que les émigrés qui siégent dans cette chambre « ont été mûs, dans le vote de l'indemnité, par des considérations « fort supérieures à leur intérêt personnel ; mais il me plaît de le « croire : ni la raison, ni la morale ne m'en font un devoir : de « même, je crois que les fonctionnaires apportent dans la chambre, et « qu'ils y conservent une parfaite indépendance ; mais je ne suis pas

« obligé de le croire, ni de le dire; et si je dis et crois le contraire, « je suis bien moins coupable que le ministère qui a publié si so- « lennellement, et en tant d'occasions, qu'il est propriétaire des « fonctionnaires, et que leur vote lui est irrévocablment engagé « (signes d'approbation à gauche et à l'extrême droite). Sur cette « partie au moins de l'accusation, continue l'orateur, *faites le pro- « cès au ministère* avant de le faire au journaliste; car se sont les « doctrines ministérielles qui l'ont égaré, et non pas, certes, des « doctrines oisives, mais des doctrines pratiquées, où le précepte est « souvent confirmé par l'exemple.

« Messieurs, la prudence commune, cette prudence aussi vieille « que le genre humain, enseigne que la situation particulière des « hommes détermine leurs intérêts, et qu'il faut s'attendre très- « souvent à ce que leurs intérêts déterminent leurs actions. Là où le « contraire arrive, il y a de la vertu; elle seule opère ce miracle. Je « le dis donc hautement, je le dis avec l'autorité de l'expérience « universelle : il a fallu de la vertu aux émigrés pour se dégager de « leur intérêt personnel dans le vote de l'indemnité; il faut de la « vertu aux fonctionnaires pour rester indépendans. Quel est main- « tenant le crime du journaliste? uniquement d'avoir jugé la cham- « bre vulgairement, comme juge *l'histoire*, et d'avoir cherché et « trouvé l'esprit qui l'anime dans les lois ordinaires du cœur hu- « main, plutôt que dans les lois ordinaires de la vertu. Je compren- « drais cette accusation, là où le silence serait la loi du pays; mais « là où la parole est la loi commune, et où chacun a le *droit de dire « ce qu'il a le droit de penser*, le crime ne me paraît plus qu'une « *erreur*, un tort plus ou moins grave, qu'on peut censurer, mais « qu'on ne peut *pas punir*. Je vous le demande, messieurs, quel « serait le degré de *servitude d'un peuple* provoqué à parler, et qui « serait condamné à trouver toujours de la *vertu à ceux qui le gou- « vernent*.

« Messieurs, quoique vous fassiez, les faits auxquels le journal du « *Commerce* a fait allusion subsistent, et avec eux leurs conséquen- « ces naturelles. Vous ne pouvez pas faire *taire les faits*; mais vous « avez une heureuse occasion de faire taire les conséquences. Faites « voir que la grandeur de votre mission et la générosité de vos sen- « timens personnels vous élèvent au-dessus de ce qu'on appelle *la « composition de la chambre*; montrez à la France que vous avez « ses libertés à cœur plus que vos injures; prouvez au journaliste « imprudent qui vous a méconnus que vous savez protéger autre « chose que *les courtisans et les commis*, et prouvez-le lui en le « protégeant lui-même contre une accusation démesurée et plus « *dangereuse pour la liberté de la presse* que le journal du *Com- « merce* ne peut jamais l'être pour la chambre. »

« On vous a dit, disait *Barthe*, que le journal du *Commerce* vous avait *offensés;* vous avez accusé ce journal ; vous allez bientôt le juger.

« Je viens au contraire vous déclarer que l'*outrage fut loin de sa pensée*; que les articles incriminés ne renferment que des *opinions*, et que ces opinions peuvent et doivent être émises dans un *pays libre*.

« Il est évident que l'écrivain a fait allusion au grand nombre de fonctionnaires révocables qui se trouvent dans cette assemblée; après avoir reconnu *le fait* en lui-même, il en tire une *conséquence* rationnelle.

« Un *raisonnement*, une conséquence rationnelle peuvent-ils être une *offense*? telle est la question.

« Non, ce raisonnement, bon ou mauvais, ne peut caractériser le *délit d'offense*. . . . .

« Le journaliste, dit *Sébastiani*, a dit que des intérêts person-
« nels, en opposition avec les intérêts généraux de la société,
« avaient dirigé, dans plus d'une occasion, la marche de la cham-
« bre : c'est *l'opinion* du journaliste, et il n'y a là rien *d'offensant*
« pour la chambre.

« Il est bien constant que, si les écrivains ont le droit de de-
« mander le renouvellement de la chambre, il faut aussi qu'ils
« aient celui de déduire les *motifs* sur lesquels s'appuie leur opi-
« nion, alors même que ce motif est celui que la chambre a
« *perdu la confiance publique.* » . . . .
. . . .

L'orateur examine phrase par phrase les passages incriminés, pour démontrer que l'écrivain n'est pas sorti des bornes de la *liberté légale*.

« Quelle était, en parlant ainsi, l'*opinion* du journaliste ? C'est
« que les intérêts particuliers dont il a parlé avaient dominé dans
« cette chambre. Cette opinion est-elle *erronée?* Peu importe : c'était
« la sienne; il avait le droit de la présenter.... et souvent ici les mê-
« mes opinions s'expriment *à cette tribune.* »

Le *National* avait dit que les forts détachés, projetés autour de Paris, n'étaient dirigés que contre la population parisienne...

On pouvait trouver là une grave offense contre le gouvernement et contre le roi lui-même (qui, dit-on, approuve et veut ces forts détachés); car le procureur-général Persil ne serait pas embarrassé de prouver que c'était les accuser de projets hostiles et tyranniques.

Eh bien! voici comment a répondu l'un des plus ardens défenseurs du ministère, le général *Rognat :*

« Votre *patriotisme alarmé*, dit-il au *National*, sonne le *tocsin* « contre les forts détachés, que vous nommez des BASTILLES *élevées* « *contre les citoyens*...

(*Moniteur* du 4 déc. 1832.)

Ces doctrines de MM. Royer-Collard, Barthe, Sébastiani et Rognat, appliquez-les à mon procès, comme à tous les procès contre la presse, et vous verrez combien sont injustes les accusations *d'offense*, etc., dirigées avec tant d'excès contre les écrivains.

CHAP. 6. — *Révolution escamotée. — Usurpation. — Charte illégitime. — Vices de la charte.*

C'est, dans mon ouvrage, le sujet des § 12 à 19, et ces § sont incriminés.

Eh bien! écoutons MM. *Mauguin, Guizot, Persil, Cormenin* et *le National*.

« La charte, dit *Mauguin* (6 mars 1833), a été revisée en cinq « ou six heures. Beaucoup d'articles n'ont été ni lus ni votés, et « n'ont d'autre date que celle de 1814..... »

« A l'ordre! crie le centre; vous portez atteinte au pacte fonda- « mental : à l'ordre!

On apporte le procès-verbal du 7 août 1830, et l'on constate qu'en effet beaucoup d'articles n'ont pas été lus.

Aussi la charte a-t-elle été promulguée par Louis-Philippe comme *charte de* 1814 amendée.

Le lendemain *Guizot* dit à la tribune :

« On vous a dit hier que vous aviez deux chartes, une charte « aperçue et une *charte inaperçue*, une charte réfléchie et une « *charte irréfléchie*, une charte de 1830 et une *charte de* 1814. »

Persil reconnaissait, le 7 août 1830, que les chambres n'avaient point de mandat; car il disait :

« Messieurs, dans les temps de calamité, et de gloire en même « temps, nous avons été amenés à faire du *provisoire*.

« Sans examiner *qui nous étions et d'où nous venions*, et sans son- « ger au péril de nos têtes, nous avons dû sauver l'Etat : l'Etat a été « sauvé.

« La charte de 1814, dit *Cormenin* (*National* du 12 décembre 1832) a été octroyée par le roi seul; la charte de 1830 a été *octroyée* par 219 personnes. Elle n'est donc *pas tout à fait légitime*, puisqu'elle procède de 219 rois, au lieu de procéder d'un seul roi; elle n'est donc *pas tout à fait populaire*, puisqu'elle procède de représentans sans mandat de quelques électeurs sans pouvoirs, au lieu de procéder d'une assemblée de mandataires *spéciaux* élus par le peuple.

« Elle se trouve ainsi suspendue sur le bord d'un abîme, entre les deux principes qui se partagent le monde; et elle manque aux conditions de l'un et de l'autre. On n'a jamais vu, dans aucun temps et dans aucun pays, d'œuvre constitutionnelle *plus inconséquente*: car a-t-elle été faite par le peuple? non; a-t-elle été expressément ratifiée par le peuple? non.

« Que la charte date du 7 ou du 9 août, dit le *National* (25 novembre 1832), cela nous importe peu à nous qui ne trouvons pas « l'*origine parlementaire* de la charte du 7 août *plus fondée en* « *droit* que l'*origine presque royale* du 9 août. L'*usurpation* sur le « pays, qu'elle soit consommée par une *camarilla doctrinaire*, ou « par une *assemblée* éperdue et ignorante de ses devoirs, nous paraît « un *mal* à peu près égal »

CHAP. 7. — *Système* du 1er août.

J'ai dit (§ 21.) que le système qualifié du 13 mars ou de C. Périer était celui du 1er août 1830 ou de Louis-Philippe.

Hé bien, voyez la quatrième partie des faits préliminaires à mon procès; lisez la conférence du roi avec Laffitte, Odilon-Barot et Arago, le 6 juin 1832 : c'est le roi lui-même qui déclare hautement que le système est le sien; qu'*il l'a adopté avant de monter sur le trône, après de mûres réflexions*; qu'il l'a constamment suivi; qu'il le trouve exellent; et qu'il n'en changera pas.

Du reste, écoutez la réponse publique de Louis-Philippe au maire de Fontainebleau:

« En effet, messieurs, le voyage que je viens de faire dans les dé« partemens de l'Est a été pour moi une source de grande satisfac« tion. J'y ai vu, non seulement l'excellent esprit, le patriotisme « dont ces populations généreuses sont animées; mais j'ai vu aussi « qu'on y *rendait justice à mes sentimens, à mes principes, à ma* « *conduite*, à mon amour constant pour mon pays et à mon affection

« pour la nation. J'ai reconnu qu'on y *appréciait la manière dont* « *j'avais envisagé le véritable intérêt* de la France.

« Ecoutez encore le journal des *Débats*. (Avril 1831).
La royauté de juillet a montré clairement, *dès le lendemain* « de son installation, qu'elle avait un système, et quel était ce sys- « tème.
. . . . . . *Dès le* 1er *jour, Louis-Philippe* avait un plan arrêté : « le choix des hommes qu'il appela dans ses conseils le prouve clai- « rement. . . Il n'avait pas songé à des théories inapplicables ni « à un mode de gouvernement expérimental. . . . . . Il voulait la charte.

« Par cela seul, disait *Odilon-Barot*, (29 novembre 1832) « que *le roi* est inviolable, il ne peut être *identifié* avec tel ou tel « *système*.... hé bien, sans que vous les ayez arrêtés dans leurs écarts, « vos amis *sont venus*, blasphémant la royauté, l'*identifier avec un* « *système qui était à juger*.

« Le système du 13 mars, disait *Lafayette* (30 mars 1833), on « l'a depuis *revendiqué comme plus ancien* (du 1er août); et à « Dieu ne plaise que je veuille en fixer la date, car, si je me trom- « pais d'un seul jour, je me regarderais comme un *calomniateur*... « (tant ce système lui paraît coupable si c'est celui du 1er août)!... « Si nous n'avions pas été si coulans dans le principe, je n'aurais « pas le chagrin de voir *un pouvoir sorti des barricades, sorti de la* « *révolution de juillet*, venir présenter au peuple français, *son sou-* « *verain et son bienfaiteur*, un projet de loi qui ramènerait parmi « nous les lettres de cachet et les tribunaux exceptionnels.

CHAP. 8 *Louis-Philippe gouverne seul.*

Je l'ai dit, § 36, et je l'ai prouvé.
Mais voici de nouvelles preuves.

« Quant aux modifications que *j'ai suggérées à la charte*, dit publiquement *Louis-Philippe* au président d'une députation. . . . (*Moniteur* du 25 septembre 1830).

« L'ami des institutions libres, disait le *Moniteur* du 9 août, se « confie aux principes de Louis-Philippe, quand il sait que c'est *lui-* « *même qui a posé les bases si larges de la liberté* sur lesquelles la « chambre des députés a assis sa déclaration.

« Vous rappelez-vous, dit Odilon-Barrot (30 novembre 1832) « quels efforts on fit pour *changer l'avis de la commission des élec-* « *tions?* Vous rappelez-vous ce changement *étrange de la part de* « *la commission* qui *avait émis un vote,* et qui, sur *l'insistance minis-* « *térielle*, l'abandonna, sans pourtant que son honorable rapporteur « se séparât de la minorité nouvelle et renonçât aux principes qu'il « avait défendus.

Et personne n'ignore d'où venaient les efforts et l'insistance.

« La commission pour la proposition Briqueville, dit le *National* (novembre 1831), s'était prononcée pour son adoption sans modification, à la majorité de cinq voix contre quatre. Depuis lors, de *hautes influences, qu'on retrouve toujours dans les questions de cette nature, sont intervenues*, et la majorité a pris d'autres conclusions

« On demande, dit le *Temps*, pourquoi la loi sur les crédits supplémentaires pour 1832, qui a été remise au roi par le bureau de la chambre il y a 15 jours, n'a pas encore été renvoyée à la chambre des pairs ? Est il vrai que ce soit parce que cette loi renferme un article qui offre au pays une sorte de *garantie*, par l'obligation imposée à chaque ministre de faire délibérer le crédit en *conseil des ministres*? On conçoit qu'il serait plus commode de délibérer chaque crédit *tête-à-tête avec le roi.* Mais aussi il y aurait plus de danger de surprise...... et le roi lui-même n'est-il pas le premier intéressé à n'être pas surpris?

« Quand je vois, répond *Louis-Philippe* au préfet de la Seine, « (Moniteur du 21 novembre 1832), que ma vie est appréciée par « mes concitoyens, je *renais à l'espérance* : je les remercie de « l'intérêt qu'ils me témoignent; c'est ce qui me donnera la force « *de soutenir tous les travaux qui pesent sur moi.* »

Mauguin ayant reproché aux ministres de conserver les *Carlistes* dans les emplois, *Madier-Montjau* en fait honneur au roi lui-même.

« Cette magnanimité, dit-il (Moniteur du 1er octobre 1830), « qu'on a le triste courage d'appeler une faute, n'est point parti- « culière au premier ministère de Philippe Ier; elle deviendra, « je crois, celle de *tous les ministères qui lui succèderont*, dans « quelque partie de cette chambre qu'on puisse les choisir. « Aucun ne résistera à la *douce séduction des vertus de cette royale* « *famille* que la providence gardait à la France pour la dédomma- « ger de tous ses maux.

« Honorable auteur de la proposition, si vous remplaciez les « ministres dont vous êtes l'accusateur, si vous saisissiez à votre « tour la foudre des destitutions, gardez-vous de croire que vous « seriez *libre de la lancer*; vous *subiriez* aussi tout *l'empire de* « *cette haute raison*, de ce *noble cœur* qui a prononcé le serment « d'être le *roi des français*, de *tous les français*. Votre aveugle « sévérité viendrait se briser contre cette *clémence royale* qui « avait, comme la Charte, besoin de l'avénement de *Louis-* « *Philippe* pour devenir une vérité : jamais *ce prince* ne vous « permettra de séparer les français en vainqueurs et en vaincus.

« Je suis enchanté, disait le ministre *Thiers* (20 février 1833), « que le gouvernement ait suivi, vis-à-vis de l'Angleterre, une « autre politique que celle de l'opposition. C'est-là qu'a été toute sa « sagesse ; elle a été celle des ministres, elle A ÉTÉ CELLE DU ROI ; « car, quand il y a des bienfaits, on peut remonter *jusqu'à lui*....... » Cette inspiration, le ministère l'a trouvée en lui, dans sa volonté, « et dans un AUGUSTE COURAGE. —

Ainsi Louis-Philippe intervient personnellement dans tout ; et c'est lui-même, c'est Thiers, c'est Madier-Montjeau qui le déclarent publiquement, à la tribune et partout. —

CHAP. 9. — *Quand il gouverne personnellement, le roi n'est point irresponsable.*

La *responsabilité* du pouvoir exécutif est la condition essentielle du gouvernement *représentatif*.

La Charte dit que *la personne du roi est inviolable et sacrée* ; mais elle ajoute que les ministres sont *responsables*.

Sans responsabilité ministérielle, on n'aurait point accordé l'inviolabilité royale : c'est évident, incontestable.

Mais il ne faut pas que la responsabilité des ministres soit seulement écrite sur un papier ; il faut qu'elle existe réellement ; il faut que le gouvernement représentatif soit exécuté loyalement ; il faut que la constitution soit *véritablement une vérité* ; il faut, en un mot que le roi se borne à régner et qu'il ne gouverne pas.

Quand un roi a de la capacité, de l'adresse, de la volonté ou de l'entêtement, lui confier, surtout après une révolution, un pouvoir d'ictatorial, le trésor, l'armée, les places, les faveurs, tous les moyens de séduction et de corruption; lui laissser la faculté de choisir un *système*, d'appeler à lui tous les hommes qui partagent ses idées ou consentent à le servir, de dicter la constitution, de faire la loi électorale, d'influencer les élections, d'acheter les chambres, et de choisir des ministres qui veuillent bien être ses commis; lui laisser ainsi le moyen de rendre inutile la responsabilité ministérielle, ce serait folie.

Dans ce cas le gouvernement représentatif ne serait qu'un mensonge; ce serait, dans la réalité, le pouvoir absolu, et le plus redoutable despotisme.

Si c'est là ce qu'on veut, qu'on le dise franchement, et qu'on ne parle plus de responsabilité ministérielle.

Mais si l'on veut la responsabilité des ministres, il faut que le roi ne soit inviolable qu'à la condition qu'il ne gouverne pas.

S'il gouverne, il viole la constitution, et il n'y a plus d'inviolabilité constitutionnelle.

Je l'ai dit (§ 36), je l'ai prouvé, et je le soutiens encore; car c'est, chez moi, une opinion réfléchie, une conviction profonde.

Du reste, le procureur-général *Persil*, le ministre *de Broglie*, *Louis-Philippe* lui-même, et beaucoup d'autres, sont aussi de cet avis: nous allons le voir.

« Je desire être bien JUGÉ par la France et l'Europe, dit Louis-Philippe, dans son discours de prorogation des chambres, le 20 avril 1831.

« Ma plus douce récompense, répond-il au commandant de la « garde nationale de Sèvres (Moniteur du 24 novembre 1832), est « de conserver *la confiance*, *l'affection* et *l'assentiment* de ma « nation.

Reconnaître qu'on peut-être *jugé*, pour avoir ou ne pas avoir, pour conserver ou perdre la confiance, l'affection et l'assentiment, n'est-ce pas se soumettre à la *responsabilité morale*?

Hé bien, la principale conséquence de cette responsabilité morale, c'est que la nation peut dépouiller de sa couronne le roi qu'elle en *juge indigne*.

Ce n'est pas moi seulement qui le dit; écoutez:

« Les peuples ne sont pas faits pour les rois, mais les rois sont faits « pour les peuples. Quand un roi manque à ses engagemens, « quand il déchire le contrat, ou exprès ou tacite, fait avec son peu- « ple, celui-ci *rentre dans tous ses droits par la résiliation du pacte*. « Si le peuple le laisse tomber, ou s'il dispose de la couronne, ce « n'est pas là de la *violence*, c'est tout simplement de la *justice*.

« On nous demandera, sans doute, *à qui appartiendra le droit de* « *constater la violation*, et de juger du moment où commencera, « pour le peuple, le droit de faire descendre le souverain de son « trône.

« *A la raison publique*, à ce *tribunal auguste* que l'on sent et « que l'on trouve partout, à cette *autorité infaillible* à laquelle il « n'est pas permis de résister parce qu'elle est le résultat de la cons- « cience et pour ainsi dire de l'organisation humaine. »

Qui parle ainsi? — Le procureur-général *Persil*, accusant M. de Kergolay (*Moniteur* du 23 novembre 1830).

« M. de Kergolay, continue-t-il, parle des *sermens* qu'il a faits, « de la *légitimité* de la race de Charles X, de l'*inviolabilité* du mo- « narque.

« *Des sermens!* qui ne sait qu'ils supposent des engagemens « réciproques et qu'ils n'obligent celui qui les fait qu'autant que « celui qui les reçoit reste dans la ligne de ses devoirs. L'infraction « d'un côté, *rompt l'engagement de l'autre*.

« *La légitimité de la race de Charles X! Elle a péri dans les « combats de juillet*. Le roi Charles l'a renvoyée à son peuple, avec « les boulets qui sont encore empreints sur les murs de la capitale. « Désormais une barrière insurmontable s'élève. Il y a entre la « race de Charles X et le peuple de France, tout le *hideux d'une « guerre civile*. L'*inviolabilité du monarque!*

« Distinguons : la charte assure l'*inviolabilité de la personne*, et « non l'*inviolabilité des droits*, qu'il eût été *absurde de mettre au- « dessus de tout événement*.

L'*inviolabilité* de la personne de Charles X *a été respectée* jus- « ques à la superstition, et c'est même le plus beau titre de gloire « de la France, puisque, en conduisant son *roi déchu jusqu'à la » frontière*, avec tous les égards dûs à son ancien caractère, elle a « prouvé qu'elle n'agissait pas avec passion, mais avec cette sagesse, « ce discernement, cette modération qui distinguent l'exercice d'un « droit.

Voici une autre autorité; écoutez : encore

« Les chambres ont déclaré, et la France entière a déclaré que la « *couronne de France n'appartient a personne*; qu'elle n'est la pro- « propriété d'aucun homme, d'aucune famille ; *que nul n'y a droit, « fût-il innocent, si ce n'est dans l'intérêt de tous et de l'aveu du « pays*. (Marques générales d'assentiment.) Les chambres ont dé- « claré, et la France a déclaré avec elles, que les *sermens sont réci- « proques* entre les princes et les peuples, et qu'il est des *attentats « que le principe de l'irresponsabilité royale, quelque sacré, quelque « tutélaire* qu'il puisse être, NE SAURAIT COUVRIR ENTIÈREMENT. (Très- « bien ! très bien !)

« Toutefois, en reconnaissant qu'il est, *dans certains cas ex- « trêmes, certaines limites au principe de l'irresponsabilité royale*.

« les chambres ont reconnu et la France a reconnu avec elles que « ce principe conservateur des sociétés n'en demeurait pas moins « debout, qu'il n'en couvrait pas moins Charles X de son égide, « qu'il le protégeait contre la vengeance des lois, contre *tout juge-« gement*, et non seulement contre tout jugement, mais *contre toute « humiliation*, contre tout *abaissement à la majesté royale*.

« Qui proclame ainsi que l'inviolabilité n'empêche pas de détrôner un roi, mais seulement de le frapper corporellement?

C'est le ministre *de Broglie*, à la *Tribune*, le 5 janvier 1833.

Le *National* disait, le 18 mai 1832 :

« Si donc, comme dit le *Moniteur*, la pensée du 13 mars était la « *pensée* du roi, la pensée *obstinée*, *invincible du chef de la branche « cadette*, nous serions autorisés à lui dire que les rois élus qui veu-« lent avoir une pensée à eux et faire prévaloir cette pensée sur « celle du pays, courent risque d'*emporter leur pensée*, un peu « plus tôt un peu plus tard, *loin de la nation* qui entend être gou-« vernée à sa fantaisie, et non sur le bon plaisir de qui que ce « soit.

Le *Courrier-Français* écrivait de son côté, le même jour, les li-« gnes suivantes :

« On nous dit que M. Perrier a été l'organe puissant de la *vo-« lonté du roi*; tant pis pour cette volonté, que l'on met ainsi en « jeu ; elle est de nature à obtenir *peu de reconnaissance pour le « passé*, et inspirer *peu de confiance* pour l'avenir.

Le *National* du 7 décembre 1832, discutant la conduite des ministres et de la chambre des députés à l'occasion de la mise en état de siége du 7 juin, termine ainsi :

« Nous ajouterons que la royauté non-responsable qui conserve « de tels ministres et ne dissout pas la chambre, *est complice de la « violation des lois, et a* ROMPU LE LIEN CONSTITUTIONNEL *qui pouvait « exister entre la France te elle.*

Cet article n'a pas été poursuivi.

Aussi, a-t-on vu les jurés de Montpellier acquitter des citoyens accusés d'avoir, dans un banquet en l'honneur d'un juge-de-paix de la révolution de juillet destitué par le juste-milieu, chanté des couplets où l'on disait *que le roi avait violé ses promesses*. (*Courrier-Français*, du 5 décembre 1832).

Les jurés de Montpellier, le *National*, le *Courrier*, *de Broglie*, *Persil* et *Louis-Philippe* lui même, disent donc avec moi, comme avec l'*histoire*, que le roi n'est pas absolument *irresponsable*; et ceux-là sont des amis bien dangereux ou bien perfides qui lui parlent sans cesse de son inviolabilité.

CHAP. 10. — *Éloges du roi.*

Dans un gouvernement véritablement représentatif ou constitutionnel, on devrait toujours parler des ministres (responsables) et jamais du Roi (inviolable).

Permettre l'éloge du roi sans tolérer la critique, ce serait vouloir qu'on pût louer les mauvais princes tout aussi bien que les bons; ce serait (disait *Odilon-Barot* à *Thiers*, le 20 février 1833), inconstitutionnel, et même *déloyal*.

Cependant le ministre *Thiers* n'est pas le seul qui ait fait l'éloge du roi à la tribune; écoutons les députés *Roulle*, *Lemercier*, *Madier-Montjeau* (que nous venons déjà d'entendre); et *Dupin* lui-même.

« Les hommes du juste-milieu, dit *Roulle* (28 novembre 1832), « feront le bien de la patrie, parce qu'ils marchent d'accord avec un « *roi qui le comprend et qui le veut comme eux*. Remercions *le roi* « de *son courage* et de sa fermeté; mais flétrissons la bonsingoterie.

« Le peuple, dit *Madier-Montjeau* (30 novembre 1832), était « enthousiasmé *du courage de son roi*.

« Une famille toute française, dit *Lemercier* (8 avril 1833), « dont le *patriotisme* égale les *vertus*; une famille identifiée depuis « long-temps et en tous points avec *nos opinions* et nos *intérêts*, « unit sa destinée à la cause nationale.

« Il est une chose, messieurs, dit *Dupin* (21 septembre 1831), « que tout le monde n'a pas sue en France, que beaucoup de per- « sonnes savent à Paris, et qu'il faut que *tout le monde sache*. — « Quelques jours après le jugement des ministres, on (Lafayette) « vint au Palais royal proposer au roi de dissoudre les chambres, « de changer de système et de ministère, de refaire une constitu- « tion, etc. . . . . La réponse *du roi* est trop *noble*, trop *belle*, « pour que je ne vous la répète pas à la tribune. On peut, dit-il, « m'attaquer dans mon palais, on peut me tirer un coup de fusil « dans une émeute; mais j'ai juré fidélité à la Charte, et je ne « serai pas un roi parjure.

Beaucoup de députés crient *vive le roi!*

« Vous voyez messieurs, continue Dupin, que l'argumentation
« n'était pas inutile : elle a déjà produit un bon effet.

Avouez-le, rien n'est plus facile que de se concerter pour produire un pareil effet, et il n'est pas de prince qui ne puisse se faire louer la tribune.

Mais, puisque la louange est soufferte, que la critique soit donc aussi tolérée.

CHAP. II. — *Système contre-révolutionnaire.*

J'ai dit (§ 35 et 36.) que le système du 13 mars, ou plutôt du 1er août, était destructif de la révolution de juillet, et je l'ai prouvé.....

D'autres l'ont dit également, même à la *Tribune*, écoutez :

« Peu après la révolution, dit *Havin* (28 nov. 1832), l'indiscrète « expression de *quasi-légitimité* vint révéler ce que nous avions à « attendre d'hommes et de doctrines qui, avec un replâtrage de dy- « nastie et de droit divin, *répudiaient le principe de la révolution* « *de juillet*, rapetissaient la royauté populaire en cherchant dans « les parchemins d'une généalogie un quasi droit. C'est de ce faux « principe que naissent les difficultés, les embarras de notre posi- « tion.

« Après avoir osé poser le principe, on a développé merveilleuse- « ment les conséquences ; et chaque jour a été marqué d'un nou- « veau pas dans cette voie si périlleuse.

« On a hasardé devant vous, messieurs, les mots de *roi de France* « et de *sujets* pour en arriver aux appellations les plus gothiques et « les plus offensantes, si elles n'étaient pas les plus ridicules.

« On a dédaigné d'inscrire l'acte de mariage d'une des filles du « roi-citoyen à la suite des actes de l'état civil des citoyens ; on l'a « placé sur le registre des *mariages des princesses ce droit divin*, pour « s'en faire un argument plus tard, et pour essayer de mettre hors « de la loi commune ce que les organes du pouvoir appellent les « familles politiques.

« On s'est opposé à la dénominaton d'*ex-roi* donnée par vous à « Charles X.

« On a conservé la fête *funèbre du 21 janvier*, insulte de tous les « ans faite par la Restauration à la nation, pour prouver *qu'il n'y* « *avait rien de changé*, et que le principe monarchique de droit di- « vin n'avait pas même été effleuré.

« Messieurs, quand la plus belle, la plus glorieuse, la plus com-
« plète des révolutions, n'est considérée, par les hommes qui sont
« chargés de la diriger, que comme un *événement*, un *accident*;
« quand l'*avènement de Louis-Philippe* n'est plus censé arriver,
« d'après ces mêmes hommes, *que par droit de succession*, il ne faut
« pas faire la guerre aux conséquences; elles deviennent rigoureuses.

« Aussi avons-nous *pris rang dans la Sainte-Alliance* après l'avoir
« humblement demandé; aussi tous *les partisans du droit divin et*
« *de la légitimité sont-ils conservés dans les fonctions* qu'ils occu-
« paient avant la révolution; aussi donnons-nous à l'*émigration* et à
« la *chouannerie* des pensions, une haute-paie. Les députés de
« l'Ouest vous diront avec détails quel emploi a été fait de ces som-
« mes arrachées aux sueurs du peuple : Elles ont servi à organiser la
« guerre civile, à faire piller, brûler, égorger les patriotes de leurs
« contrées.

« Voilà, Messieurs, la marche et les progrès du parti doctri-
« naire!

« Cette persévérance des 56 *années* de ma carrière publique, ré-
« pondait *Lafayette à Madier-Montjeau*, est une *protestation* contre
« le SYSTÈME plus récent qui, à propos d'une *émeute* réprimée par
« des forces 50 fois plus nombreuses, vient, après coup, invoquer
« les ILLÉGALITÉS et les IMMORALITÉS de tant de régimes précédens,
« pour *avancer son œuvre de* DÉMOLITION *des principes et des* ENGAGE-
« MENS *de notre révolution de juillet*. Elle n'en fini pas moins, malgré
« *nos mécomptes*, par accomplir ses destinées et les vœux *de toute*
« *ma vie*.

(Tribune du 27 juin 1832).

« Je n'ai et je ne mérite, ajoutait-il à la tribune, le 11 mars 1833,
« aucune influence auprès d'un système que j'ai déclaré être *contre-*
« *révolutionnaire*, et dont je me *suis séparé ouvertement et com-*
« *plètement*; et par ces mots j'entends dire *contre-révolutionnaire à*
« *la révolution de juillet*.

CHAP. 12. — *Système d'illégalités. — Violation de la Charte. — Trahison. — Parjure*.

Je l'ai dit, § 31 et 35, et je l'ai prouvé.

Mais on m'accuse : hé bien, écoutez ce qu'on a dit à la tribune, à l'occasion de la mise en état de siége du 6 juin.

« Cette *violation flagrante de la Charte et des lois*, dit Mérilhou, « le 29 novembre 1832, appelle une grande et solennelle *ré-* « *paration*.

« En *flétrissant* de notre blâme solennel cette mesure inconstitu- « tionnelle, nous croyons remplir un devoir sacré envers votre « majesté aussi bien qu'envers le pays, car le *trône de juillet* et la « Charte de 1830 sont solidaires; l'une ne peut être *violée* sans que « l'autre *soit ébranlé*. »

« Il est donc vrai, continue-t-il, de dire aux ministres du roi : « vous avez *violé les lois* de l'état; vous avez *violé les droits des* « *citoyens*; vous avez *foulé aux pieds quatre lois*; vous avez *renversé* « *deux articles de la Charte*; et cela sans nécessité.

« Et qu'on vienne, s'écrie Odilon-Barrot, nous dire encore qu'on « est un gouvernement de *légalité*, qu'*on respecte la constitution*! « Non le ministère n'est pas dans les lois, *il est hors les lois*. . . . . « La Charte n'est-elle donc plus qu'un *chiffon de papier*, une *duperie*, « une *chimère?*.... C'est le plus *terrible abus* que jamais gouverne- « ment ait fait de l'état de siége.

» Pour apprécier la responsabilité du ministère, dit *Deludre*, je » laisse parler la chambre des Pairs : Considérant que Jules de Po- » lignac, etc., etc., ont contresigné les ordonnances du 25 juillet, » dont ils connaissaient eux-mêmes *l'illégalité*; quils se sont efforcés » d'en procurer l'exécution, et qu'ils ont *conseilé de daclarer la* » *ville de Paris en état de siège*, etc.; considérant que cet acte cons- » titue le *crime de trahison* prévu par l'art. 56 de la Charte de 1814, » déclare, etc. »

« Souvenez-vous, Messieurs, de ce que disait à cette occasion un » orateur dont cette tribune sera long-tems veuve, Benjamin-Cons- » tant : Sera-t-il permis, disait-il, A UN ROI *de violer toute ses lois*, » puis de venir dire : *il n'y a rien de fait.*?

« Ce n'est pas une injure que je veux adresser au ministre. Mais » comme juré, sur mon honneur et ma conscience, je dit : Oui, » les ministres sont en *etat de* TRAHISON envers le pays, *pour avoir* » *viole ses lois* et *ses institutions*, et surtout envers la Couronne, » pour l'avoir exposée aux plus grand s dangers qu'elle ait jamais « courus. »

« J'ouvre la Charte de 1830, et je trouve, art. 66 : *La présente* » *Charte demeure confiée au patriotisme et au conrage des citoyens* » *et de la garde nationale*. Eh bien! si les citoyens et la garde na- » tionale s'étaient levés pour renverser de leurs sièges, les tribunaux » inconstitutionnels, qui sait où le mouvement se serait arrêté? Il

» faut en convenir, *ce mouvement eût été exactement le même que » celui du 28 juillet; il eût été* LÉGITIME.

« En établissant *l'état de siège* dit *Thouvenel*, l'on se *proposait » d'attenter à la vie* ou tout au moins à la liberté et à l'honneur de » *qu'elques-uns de nos collègues*, et de quelques journalists coura- » geux dont l'innocence a depuis été constatée par les tribunaux. » Vous ne sauriez donc trop *flétrir la mesure* de l'état de siège et » condamner ses auteurs.

» Je dirai plus, Messieurs, c'est que, si vous faisiez votre devoir, » vous les *mettriez en accusation*; car, encore une fois, suspendre » le pacte fondamental qu'on a juré d'observer et de maintenir, et » le suspendre de sa seule autorité, c'est la le plus *monstreux coup » d'état* que l'on puisse faire, *ce'st délier les citoyens de leur ser- » ment de fidélité*; c'es enfin *autoriser l'insurection*... Rappelez- » vous *Charles X*: il n'a *perdu son trône* que pour s'être permis » un pareil coup d'état. Et cependant, vous le savez, il avait pour » lui l'article 14, que nos ministres de juillet ne peuvent invoquer » en leur faveur.

« Non, s'écrie le ministre *Barthe*, vous ne condamnerez pas l'or- » donnance du 6 juin; vous ne direz pas que le gouvernement a » été PARJURE.... »

177 députés ministériels, (fonctionnaires publics, aides-de-camp du Roi, etc.) répondent négativement; mais 119 députés indépendants répondent affermativement en votant contre l'adresse.

Ainsi 119 contre 177 déclarent à la France que le gouvernement est PARJURE..!!

Qu'ai-je dit, et que peut-on dire de plus accusateur?

CHAPITRE 13—*Corruption — Démoralisation.*

J'ai parlé (CHAP. 27) d'un système de corruption et de démoralisation, et je crois ne l'avoir que trop prouvé.

Le procès de la *Tribune* devant la chambre n'en a que trop fourni de preuves encore. Mais écoutez des députés ministériels.

Mahul, ne dit-il pas, en face de la chambre, que les fonctionnaires pnblics députés sont, même pour leurs votes, la propriété des ministres, qu'ils sont *la chair de leur chair* et *les os de leurs os*?

Viennot ne dit-il pas, le 6 octobre 1831, que tous les corps politiques *ont été* ou *se sont* AVILIS, CORROMPUS, PROSTITUÉS ?

Ne dit-il pas, le 23 mars 1833, du haut de la tribune, que le gouvernement devrait employer *l'or*, la CLÉ D'OR pour pénétrer dans les associations populaires, pour surprendre leur secret, pour déjouer leurs intrigues, pour ACHETER LA CUPIDITÉ, sans s'embarasser si les cupides seront appelés *traîtres*, *faux-témoins*, *agens provocateurs*?

Garnier-Pagès et *Thouvenel*, parlant à la chambre elle-même, le 8 avril 1833, n'ont-ils pas fait entendre que beaucoup de députés ministériels *vendent leurs votes* pour avoir des *croix d'honneur* ou des *fournitures* et autres *entreprises* qui les enrichissent?

Et chacun n'aurait pas le droit de crier à la corruption.!!!

CHAPITRE 14 — *Mensonges*.

J'ai dénoncé (§. 28) un système de mensonges et de calomnies.

Quoi de mieux prouvé ?

Cependant, on m'accuse : on veut de nouvelles preuves hé bien : écoutez.

Le 6 juin, vers les 5 heures, Louis-Philippe avait dit à Laffitte, Odillon-Barrot et Arago, « *Ce matin*, on m'a proposé la mise en état de siège ; *je n'ai pas voulu : les lois suffisent* : je ne veux régner que par les lois ; on ne me fera jamais dévier de cette règle. »

Odilon-Barrot est donc bien sûr de la vérité lorsque, le 31 novembre 1832, il affirme, à la tribune, que l'état de siège n'a été décidé que le 6 *au soir*, en ajoutant ; « c'est, on le sait bien, un » fait qui repose sur un AUGUSTE *témoignage* qu'on ne démentira » pas. »

«Rien n'est assurément plus difficile à démentir ; car le *rapport* de Montalivet pour obtenir l'ordondance de mise en état de siége, inséré dans le *Moniteur* du 7, prouve incontestablement que ce rapport et l'ordonnance sont postérieurs à la promenade du roi, puisque le rapport dit textuellement : « Votre majesté, en *traversant* « *aujourd'hui les rangs de la population* pressée sur ses pas, a pu « distinguer.... etc. La révolte *anéantie sur tous les points*.... etc.

« Hé bien, le président du conseil, *Soult,* voulant persuader que l'état de siége aét é ordonné pendant le combat et le danger, affirme hardiment que l'ordonnance a été rendue *dans la journée.*

« A quelle heure, s'écrie *Odilon-Barrot?*

« *Pendant votre visite* au roi, répond le garde des sceaux, *Barthe.*

« Je vous donne un démenti formel, replique *Odilon-Barrot;* c'est *dans la soirée.*

« Il n'est *pas vrai*, dit de sa place le ministre de la marine, de « *Rigny,* que ce soit le 6 au soir que l'état de siége a été décidé; il « l'a été *le matin,* unanimement, et en conseil.

Je déclare positivement le *contratre,* s'écrie aussi de sa place, « *Arago,* à qui, le 6 juin, Louis-Philippe a dit, à cinq heures, qu'il « avait repoussé l'état de siége.

« Ainsi, trois ministres affirment solennellement le contraire de ce que Louis-Philippe a dit....

« Quel audacieux mensonge! l'histoire voudra-t-elle le croire!..

En voici un autre presque aussi incroyable :

La loi qui suspendait l'organisation de la garde nationale en Corse aurait dû être renouvelée avant le mois de mai 1832...

Le ministre d'*Agout* avait *illégalement* prolongé l'existence de cette loi, et demandait enfin une loi nouvelle pour remplacer la première. Comme on lui reprochait son illégalité, il prétendit, le 24 février, qu'il avait présenté son nouveau projet *aussitôt après l'ouverture de la sesion.*

Qui pouvait douter de la vérité d'une affirmation si positive?

Hé bien, la session était ouverte le 19 novembre, et le projet n'avait été présenté que le 21 janvier.... Voilà comme un minis-tres dit la vérité, à la *Tribune!*

Nous avons vu (5e partie des faits préléminaires à mon procès, page...) comment le procureur-général *Persil* a dit aussi la vérité à mon égard, le....

Et le garde-des-sceaux, Barthe lui-même, n'a-t-il pas été impunément traité de *calomniateur* jusques dans le sanctuaire de la justice? L'avocat du journal *Mayeux;* ne l'a-t-il pas accusé d'avoir, à la *tribune,* quand ce journal était poursuivi, eu des passages qu'il attribuait sciemment à *Mayeux,* tandis que le journal qu'il lisait était intitulé les *Cancans?*

Non, je ne le crois pas, jamais on n'eût plus de mensonges à reprocher à un gouvernement.

CHAP. 15. — *Injures.* — *Calomnies.* — *Hostilités contre l'opposition.*

J'en ai fait un vif reproche au gouvernement (§ 28), et il s'en irrite !...

Hé bien, voici de nouvelles preuves :

Je ne parlerai ni d'un ministre violant le secret des correspondances pour se venger d'un député qui avait critiqué ses actes à la *tribune*.

Je ne parlerai pas de *Madier-Montjeau*, violant le secret des communications pour reprocher à deux de ses collègues des actes extra-parlementaires (*Moniteur*, 23 septembre 1831).

Ecoutons les organes du gouvernement, pendant l'état de siége, quand trois députés étaient livrés au conseil de guerre, quand les dénonciactons pouvaient être des arrêts de mort : écoutons :

« Le dévergondage anarchique des maximes de l'opposition, disaient les *Débats* du 12 juin etc., est la cause de la guerre civile.... L'opposition a *conspiré* par ses idées, par ses maximes.... Elle a appelé la *République* et l'insurrection républicaine...... Elle est *complice* des insurgés.... et nous instruisons son *procès*....

« Ce n'est pas seulement, leur répondit Odilon-Barrot attaqué
« comme les autres, un holaucauste de réputations politiques que
« vous offrez à votre parti; vous prenez soin de *pourvoir d'argument*
« *et de fausses inductions la justice prévôtale dont trois de nos* COLLÉGUES SONT MENACÉS.

Au même moment, le nouveau journal de *Paris* publiait (15 juin) la lettres d'un prêtendu garde national de la banlieue accusant les *députés* et les *avocats* de tout le mal, et menaçant d'aller les arracher de leurs domicilcs.

Mais tout cela n'est rien ; car voici ce que disait le *Sens Commun*, ou le *Dimanche*, distribué à profusion parmi le peuple, le 29 juillet 1832, à la revue de la garde nationale.

« *Classification de l'opposition.*

« Je veux procéder par gradation dans l'échelle de l'estime pu-
« blique. Commençons en haut, nous n'arriverons que trop tôt

« au plus bas dégré ; car il ne faut pas vous figurer que tout dans « l'opposition soit *méprisable, ignoble ;* sans doute *c'est la majorité*, « mais il y a aussi des erreurs. . . . . Ensuite se pressent les *bousin-* « *gots parlementaires* ou non, gens de *mauvaise vie politique*, de « *crédit ruiné*, de *réputation flétrie, d'affaires déplorables*. Ce « sont les *brouillons par métier*, les *boute-feux par état*, par devoir, « par obligation, par position personnelle ; il faut que les cartes po- « litiques soient brouillées, que le tapis saute en l'air pour qu'ils « puissent retirer leur épingle du jeu ; à ces gens, il faut que l'eau « soit troublée pour qu'ils puissent y pêcher à l'aise ? Que feraient- « ils dans un état paisible, sous un régime de stabilité et d'ordre ? « Ils ont besoin du désordre pour devenir ministres, préfets, ambassa- « deurs, consuls, dictateurs, pour satisfaire leurs créanciers, payer « leurs dettes et relever leurs affaires. Autour d'eux se rangent les « ambitions déçues ou précoces. Vous voyez d'ici cette classe d'hom- « mes politiques, vous les nommeriez si on vous les demandait, « vous les désigneriez à la chambre, dans le monde, à côté de vous. « Vous voyez que nous commençons à descendre : avec ceux-là pas « de garantie, pas de chances de salut.

« La tourbe des *niais* marche après ; c'est le troupeau docile qui, « en suivant les matadors de l'opposition, croit faire un bel acte de « courage.

« Ils crient bravo à M. Mauguin, trouvent le *National* logique, « admirent la *Tribune* comme patriote, disent que M. Garnier-Pagès « va bien, trouvent que M. Cabet a du talent, et se pâment aux « discours de M. Laurence.

« Viennent enfin les *banqueroutiers*, les *vagabons du monde*, les « *voleurs*, les hommes de mauvaises affaires qui, suivant l'exemple « de leurs chefs politiques, veulent aussi rétablir les torts de la « fortune, et se venger sur le Gouvernement du mal qu'ils se sont « fait par leur *mauvaise conduite*. Dans cette classe, vous trouverez « les *industriels qui spéculent sur la bourse de leur voisins*.

« Vous voyez que l'opposition n'est pas un tout homogène, tant « s'en faut ; il y a loin de M. Lafayette à M. Garnier-Pagès, de « M. Barrot à M. Cabet, d'un bourgeois trompé et d'un étudiant « de bonne foi à un *bousingot briseur de réverbères*, et à un *émeu-* « *tier coupeur de bourse*. »

Et ce journal était dirigé par la société des *Amis de* L'ORDRE *et de la* VÉRITÉ....! parmi les fondateurs de cette société on compte le préfet de la Seine, le général Tourton, le baron Rotschild, sept députés Rambateau, Jacques Lefebvre, Vigier, Jaubert, Keratry, Dubois-d'Angers, etc., etc., les aide-de-camp du Roi, J. de Larochefoucault, et de Rumigny, etc., etc. . . . . !

« Le juste-milieu, dit *Figaro* (25 septembre 1832), est en mi-« norité : on s'en apercevra aux députés qui vont nous arriver des « départemens exprès pour soutenir MM. *Cabet et Garnier-Pagès*, « désormais inséparables, pour faire *prévaloir la loi de sang*, le « *bonnet de sang, l'instrument de sang*.

Tous ces journaux sont les organes du ministère et du parti ministériel ; plusieurs sont payés sur les fonds secrets ; c'est un point *notoire*, incontestable, dénoncé à la tribune par le général *Bertrand*, par *Garnier-Pajès*, par *Portalis*, et par *Mauguin*.

De tous ceux qui prennent part au Gouvernement aucun n'ignore tous ces faits.

Le ministère, le Gouvernement, approuvent donc ces grossières injures, ces odieuses calomnies, ces redoutables attaques contre les députés de l'opposition . . . . . . ! il les encourage . . . . ! il les paie. . . . . . !

Et il ose parler de la *licence* de la presse. . . . . ! Il ose parler sans cesse de sa loyauté, de sa moralité. . . . ! Voilà l'usage qu'il fait du pouvoir qui, selon lui, lui a été confié ! Voilà comment il emploie l'argent d'un peuple accablé de misère, et même l'argent des hommes qu'il fait insulter. . . . . !

Si j'étais capable de ressentimens, qui pourrait me faire un crime d'être irrité contre un Gouvernement qui me proscrit pendant l'état de siége, qui me fait outrager et calomnier, qui veut me faire condamner ensuite à 5 années de prison, et qui me persécute avec un rare acharnement ?

Mais, si je suis assez maître de moi pour oublier tout ce qui peut m'être personnel, puis-je et dois-je être indifférent à ce qui blesse si profondément l'intérêt public ?

Faire injurier et calomnier ainsi l'opposition, n'est-ce pas, de la part d'un Gouvernement, une infamie ?

N'est-ce pas provoquer la presse indépendante, et lui donner le plus pernicieux exemple ?

N'est-ce pas fouler aux pieds toutes les règles de la morale ?

N'est-ce pas travailler à corrompre, à démoraliser la nation ?

Oui, dans mon opinion, pratiquer ainsi un sytème de mensonges, d'injures et de calomnies, c'est un crime plus nuisible au pays que la violence elle-même.

C'est s'ôter le droit de se plaindre des attaques de la presse.

CHAP. 16 — *Impopularité du Gouvernement.*

J'ai dit que le Gouvernement était *impopulaire*.
Hé bien, écoutez ses amis :

« C'est nous seuls, hommes de la majorité, dit *Viennet*, le 25 « mars 1833, qui avons à *craindre*; c'est nous qu'on accable tous « les jours *d'injures et de sarcasmes*; c'est nous qui ne pouvons vi- « siter nos familles sans trouver *l'insulte à la porte* (les charivaris), « c'est nous qu'on assassine dans les diligences; c'est nous que pour- « suit sans relâche *la colère des factions*. »

« Quant au *courage*, dit *Jaubert*, le 9 avril, j'en appelle à l'op- « position elle-même, n'y a-t-il pas, par le tems qui court, autant « de courage pour le moins à *défendre le pouvoir*, qu'à l'attaquer? « Les *charivaris* ne sont-ils pas pour nous, tandis que les *ovations* « sont pour l'opposition ?

« Aujourd'hui, dit, le lendemain, *Rouillé-Fontaine*, c'est *l'au- « torité qui est attaquée*, et c'est pour la défendre qu'il faut du « courage.

« Aussi, voyez comment s'exprime aujourd'hui *M. Fonfrède*, long-tems défenseur des ministres :

« Si peu qu'on sorte, dit-il, de la ligne du *véritable* milieu, si « faiblement qu'on *dévie vers les principes de la contre-révolution*, « la *méfiance* renaît et la possibilité de faire du pouvoir s'évanouit. « Que sera-ce donc si l'*on humilie à plaisir la révolution devant la « légitimité!* si l'on *destitue des députés patriotes* pour les punir « d'un vote indépendant et consciencieux, et pour donner une « *preuve de bonne volonté aux défenseurs passés présens ou futurs « de la contre révolution dans la Vendée!*... Et je saisis cette oc- « casion d'exprimer ma vive improbation de la mesure qui a frappé « M. Dubois (de la Loire-Inférieure) et M. Baude. Jamais la restau- « tion n'a rien fait de plus *despotique* et de plus anti-parlemen- « taire. Comme en maintes circonstances j'ai plaidé la cause des « ministres, je me crois engagé d'honneur à m'élever contre cet « acte avec toute la force de mon âme *indignée*; afin qu'on ne puisse « pas m'imputer l'approbation, même tacite, de cet *attentat aux « libertés nationales*. Quant aux pitoyables sophismes entassés par

« les feuilles ministérielles pour justifier cette injustifiable aber-
« ration, j'honore trop le bon sens et le patriotisme de mes conci-
« toyens, pour croire nécessaire d'en entreprendre la réfutation.
« Que dire d'un ministère qui nous avertit qu'il peut et doit desti-
« tuer tout fonctionnaire qui ne vote pas avec lui ? Ce qui, *des dé-*
« *putés*, doit nécessairement s'étendre *aux électeurs* ; de sorte que
« l'on nous donne aussi pour constitutionnelles les doctrines que
« nous avons le plus justement *flétries sous la restauration !* . . . .
« Non, jamais *le plus cruel ennemi de dynastie d'Orléans n'aurait*
« *pu lui porter un coup plus fatal !* »
(*Mémorial Bordelais* du 11 mars, répété par le Constitutionnel du 15.)

Voyez aussi comment s'explique aujourd'hui le *Journal de la Côte-d'Or*, qui jusqu'à présent soutenait le ministère :

« La France *veut la révolution de juillet tout entière* c'est-à-dire
« une *représentation nationale réelle* ; des institusions positives,
« en un mot un *gouvernement populaire*, sans lois d'excep-
« tion ; . . . elle *veut*, enfin, qu'un *système de franchise et de*
« *loyauté*, dirigé par des idées *progressives*, succède à un *système*
« *bâtard et de mauvaise foi*, évidemment dirigé par des *idées rétro-*
« *grades.* »

Plaignez-vous donc maintenant, si l'on dit que vous êtes impopulaires. . . !

CHAP. 17 — *Menaces contre la presse.*

Le gouvernement, ou plutôt Louis-Philippe, convaincu que son système est excellent, veut y persévérer. . . c'est naturel.

Mais l'opposition (parlementaire et extra-parlementaire), profondément convaincue que ce système compromet tout, ne veut pas cesser de le combattre. . . . c'est naturel encore.

Le gouvernement s'irrite de la contradiction, se venge, persécute.

La presse n'en devient que plus hostile.

Le gouvernement n'en est que plus irrité.

Et de cette irritation réciproque toujours croissante, qu'arrivera-t-il ?

« *Il se déclarera*, dit l'un des confidens du ministère, le député
« *Dumeu*, (à la tribune, le 8 avril) *une réaction violente contre les*
« *librtés publiques.* Ce ne sera pas seulement la licence de la presse
« qui sera attaquée, *mais toutes les libertés.* ET IL ARRIVERA CE QU'ON

« A DÉJA VU, que, pour n'avoir pas arrêté la liberté de la presse » dans ses excès, une réaction viendra où ELLE SERA DÉTRUITE jusque dans ses plus légitimes prérogratives....

« *Tout gourvernement doit périr sous ces attaques*, et peut être « verrait-on un jour l'opinion publique, lasse de lui demander « inutilement une sécurité qu'il ne peut maintenir, *s'en prendre à* « *la liberté des excès de la licence*, et POUSSER A DE CRIMINELLES FOLIES, « et à D'AUTRES ORDONNANCES DE JUILLET....

« Jugeons, punissons la *Tribune*: je le demande dans le double « intérêt de la liberté et du pouvoir; dans l'intérêt *de la liberté*, la « *qui peut périr par un ressentiment injuste mais inévitable* contre « licence, dans l'intérêt du pouvoir, qui ne peut résister à des at- « taques continuelles, et qui *doit enfin se défendre après 3 ans de* « *patience et de longanimité.* »

C'était déja le langage de *Charles X*, pour justifier son *parjure.* Sommes nous donc destinés à revoir les criminelles ordonnances du 25 juillet...!

FIN.

www.ingramcontent.com/pod-product-compliance
Ingram Content Group UK Ltd.
Pitfield, Milton Keynes, MK11 3LW, UK
UKHW020459230726
13925UKWH00005B/2038